PIANO FOUR HANDS AND TWO PIANOS

Claude Debussy

SERIES II

Dover Publications, Inc., *New York*

7-95

Published in Canada by General Publishing Company, Ltd., 30 Lesmill Road, Don Mills, Toronto, Ontario.

Published in the United Kingdom by Constable and Company, Ltd., 3 The Lanchesters, 162–164 Fulham Palace Road, London W6 9ER.

This Dover edition, first published in 1991, is a new collection of four works originally published separately:

Marche Ecossaise sur un thème populaire, Jean Jobert, Paris, n.d.

Danses, A. Durand & Fils, Paris, 1904.

La Mer: Trois Esquisses Symphoniques, A. Durand & Fils, Paris, 1905.

En blanc et noir: Trois morceaux pour 2 pianos à 4 mains, Durand et Cie, Paris, 1915.

A glossary of French terms has been added, and the epigraphs to *En Blanc et Noir* have been translated.

We are grateful to Arbie Orenstein and to the music library of Wellesley College for the loan of three of the scores for reproduction.

Manufactured in the United States of America
Dover Publications, Inc., 31 East 2nd Street, Mineola, N.Y. 11501

Library of Congress Cataloging-in-Publication Data

Debussy, Claude, 1862–1918.
   [Selections]
     Works for piano four hands and two pianos / Claude Debussy.
        p.   of music.
     In part, arrangements.
     Originally published: Paris : A. Durand or J. Jobert, ca. 1900–1915.
     Contents: ser. 1. Prélude, cortège et air de danse : from L'enfant prodigue, for piano four hands (1884) ; Printemps : for piano four hands (1887, arr. 1904) ; Petite suite : for piano four hands (1886–1889) ; Prélude à l'après-midi d'un faune : for two pianos (1892–1894, arr. 1895) ; Six épigraphes antiques : for piano four hands (1914) — ser 2. Marche écossaise sur un thème populaire : for piano four hands (1891) ; Danses : for two pianos (1904) ; La mer : for piano four hands (1903–1905) ; En blanc et noir : for two pianos (1915).
     ISBN 0-486-26974-4 (pbk. : ser. 1). — ISBN 0-486-26975-2 (pbk. : ser. 2)
     1. Piano music (4 hands). 2. Piano music (4 hands), Arranged. 3. Piano music (Pianos [2]) — Scores. 4. Piano music (Pianos [2]), Arranged—Scores.
M3.1.D4D8   1991   91-756223
                                                            CIP
                                                            M

Contents

Glossary of French Terms

à, to, by
abandonné, abandoned
accentués, accented
accords, chords
accusé, prominent
(en) allant toujours se perdant,
    gradually dying away
alerte, brisk
ami, friend
(en) animant, accelerando
animé, animated
animez, quicken
arriver à, reach
assez, rather
au, to, at
aussi . . . que, as . . . as
avec, with
basse, bass
beaucoup, considerably
bien, quite, very
brillant, brilliant
calme, calm
ce, this, *ces*, these
cédez, rallentando
chant, melody
chanté, cantabile
chœur, chorus
contenu, restrained
Contr., altos
Coryphée(s), vocal soloist(s)
court, short
croches, quarter notes
croissez, increase, crescendo
dans, in
de, of
début, beginning
(en) dehors, prominent
délicat, delicate
demi, half
dessin, line
dessus, (left hand) over, on top
(en) diminuant, diminuendo
(le) double moins vite, half as fast
doucement, softly
doux, tender, soft
du, of the
d'une, of a
éclatant, brilliant
effacé, unobtrusive
égal, regular
également, equally

emportement, transport
en, in
enchaînez, attacca
encore, still
ennemi, enemy, *tué à l'ennemi*, killed
    in action
entrée, entrance, beginning
et, and
été, summer
étouffé, damped
expressif, expressive
extrêmement, extremely
fin, end
gardent, keep, maintain
gracieux, gracefully
joyeux, joyfully
jusqu'à(u), until
l', la, le, les, the
(en) laissant aller, relaxing (the
    tempo)
laisser, let
langueur, languor
léger, light
lent, slow
lenteur, slowness
librement, freely
lié, legato
lointain(e), distant
lourd, heavy
lourdeur, heaviness
mais, but
marqué, marcato
Mars, March
m.d., right hand
même, same
mesuré, measured, moderato
mesures, measures
m.g., left hand
modéré, moderate
moins, less
mon, my
monotone, monotonous
mordant, biting
mouvement, *mouvᵗ*, tempo,
    au Mouvement, au Mouvᵗ,
    tempo primo
mouvementé, lively
pas, not
(à) peine, barely
pendant, during
(se) perdant, dying away

peu, little, *peu à peu*, gradually
plainte, lament
plaintif, plaintive
plus, more
pour, in order to
progressivement, progressively
quittez, release
raideur, stiffness, severity
ralenti, slower
(en se) rapprochant, speeding up
recueilli, contemplative
réduction de l'Orchestre, reduction of
    the orchestral part
reprenez, resume
retardez, slow down
(en) retenant, slowing down
retenu, restrained
revenez, return
rigueur, strictness
rude, harsh
rythme, rhythm, *rythmé*, rhythmic
sans, without
sec, dry, short
(en) serrant, quickening, stringendo
serré, quick
serrez, quicken
sonore, sonorous
sonorité, sonority
Sopr., sopranos
souple, flexible, supple
sourdement, dully
soutenu, sustained
strident, harsh
temps, beat, *à un temps*, beating in
    one
Tén., tenors
thème, theme, melody
toujours, steadily
tous, all
traîner, dragging
très, very
triste, sad, melancholy
tué, killed
tumultueux, tumultuous
un(e), a
unis, unison
valse, waltz
vibrer, ring
vite, fast
lᵉʳ, first, *lᵉʳ Mouvᵗ*, tempo primo

WORKS FOR
PIANO FOUR HANDS
AND TWO PIANOS

Marche Ecossaise sur un Thème Populaire

for piano four hands

SECONDA

Allegretto scherzando.

2

Marche Écossaise sur un Thème Populaire

for piano four hands

PRIMA

3

4   Marche Écossaise

SECONDA

SECONDA

PRIMA

SECONDA

Danses
(Danse Sacrée et Danse Profane)
for two pianos
I: Danse sacrée

II: Danse profane

Le double moins vite (Tempo rubato)

La Mer

La Mer
for piano four hands
I: De l'aube à midi sur la mer

La Mer

for piano four hands

I: De l'aube à midi sur la mer

PRIMA

SECONDA

48   La Mer

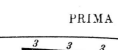

PRIMA

II: Jeux de vagues

II: Jeux de vagues

III: Dialogue du vent et de la mer

III: Dialogue du vent et de la mer

SECONDA

En Blanc et Noir

for two pianos

I

à mon ami A. Kussewitsky.

Qui reste à sa place
Et ne danse pas
De quelque disgrâce
Fait l'aveu tout bas.

(J. Barbier & M. Carré—
"Romeo et Juliette")

Whoever remains seated
And does not dance
Makes a quiet confession
Of some misfortune.

—J. Barbier & M. Carré,
Romeo and Juliet

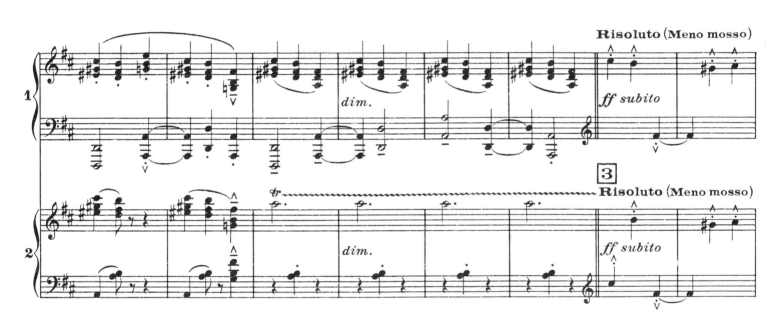

II

au Lieutenant Jacques Charlot
tué à l'ennemi en 1915, le 3 Mars.

Prince, porté soit des serfs Eolus
En la forest ou domine Glaucus.
Ou privé soit de paix et d'espérance
Car digne n'est de posséder vertus
Qui mal vouldroit au royaume de France.

(François Villon –"*Ballade contre*
les ennemis de la France? [envoi])

Prince, let Aeolus be borne by slaves
To the forest where Glaucus rules,
Or be deprived of peace and hope
Since those are not worthy to possess virtues
Who would wish ill of the kingdom of France.

—François Villon, *Ballade Against*
the Enemies of France (envoi)

III

Yver, vous n'este qu'un vilain...   Winter, you are but a rogue . . .

(Charles d'Orléans)   —Charles d'Orléans

à mon ami Igor Strawinsky.

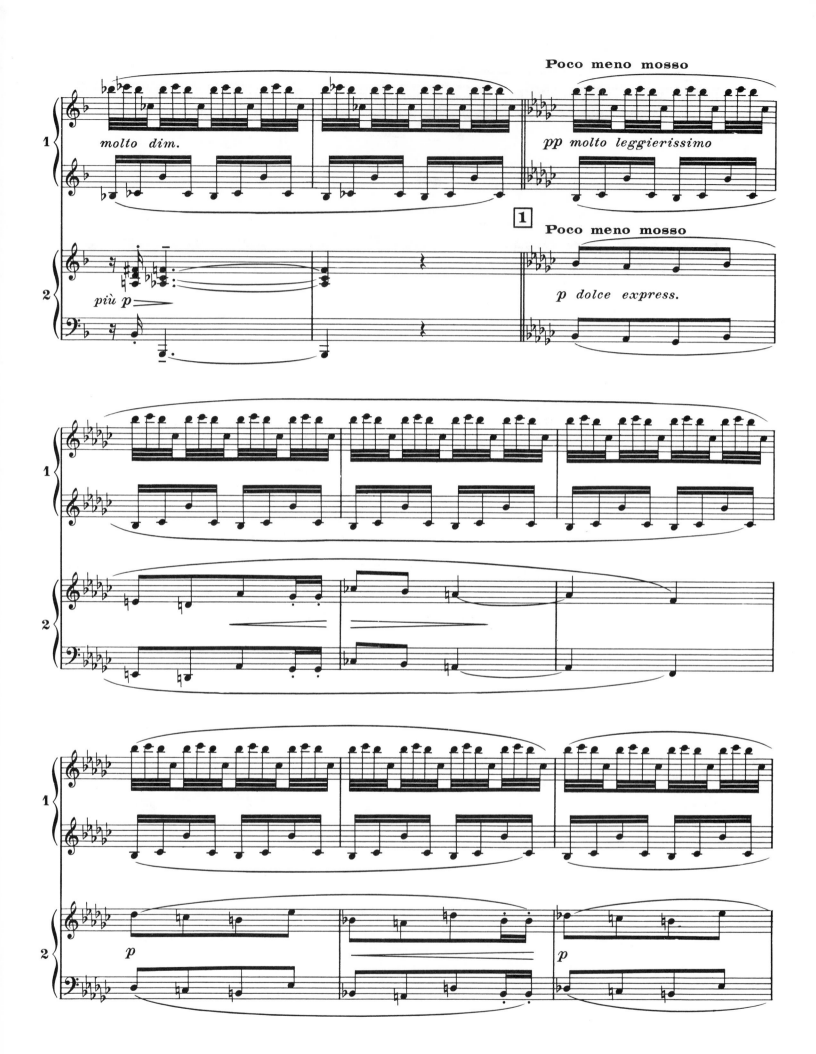

En Blanc et Noir   133

Fin de "*En blanc et noir*" Eté 1915.